AF193044

LA PRINCESA DE LA TORRE

ExLibric

ALBA M. PEINADO

LA PRINCESA DE LA TORRE

EXLIBRIC

ANTEQUERA 2024

LA PRINCESA DE LA TORRE
© Alba M. Peinado
Diseño de portada: Dpto. de Diseño Gráfico Exlibric

Iª edición

© ExLibric, 2024.

Editado por: ExLibric
c/ Cueva de Viera, 2, Local 3
Centro Negocios CADI
29200 Antequera (Málaga)
Teléfono: 952 70 60 04
Fax: 952 84 55 03
Correo electrónico: exlibric@exlibric.com
Internet: www.exlibric.com

Reservados todos los derechos de publicación en cualquier idioma.

Cualquier forma de reproducción, distribución, comunicación pública o transformación de esta obra solo puede ser realizada con la autorización de sus titulares, salvo excepción prevista por la ley. Diríjase a CEDRO (Centro Español de Derechos Reprográficos) si necesita fotocopiar o escanear algún fragmento de esta obra (www.cedro.org).

Según el Código Penal, el contenido está protegido por la ley vigente que establece penas de prisión y/o multas a quienes intencionadamente reprodujeren o plagiaren, en todo o en parte, una obra literaria, artística o científica.

ISBN: 978-84-10297-69-2
Depósito Legal: MA 2341-2024

Impresión: PODiPrint
Impreso en Andalucía – España

Nota de la editorial: ExLibric pertenece a Innovación y Cualificación S. L.

ALBA M. PEINADO

LA PRINCESA DE LA TORRE

Para la Alba que pensó que el mundo
se acababa esa noche.

Llevo perdiéndome y encontrándome durante los últimos dos años y te aseguro que es la cosa más maravillosa y espeluznante que me podía haber pasado. Cambiar es algo que hacemos poco a poco, pero a mí me llegó de golpe, como un jarro de agua fría derrumbando mis castillos y curando mis heridas. Se supone que es algo bueno, y qué voy a decir, nunca he sido una persona de cambios. Cuando era pequeña lloraba casi por cada mueble que removían de mi salón.

Me dicen que soy muy madura, pero no lo veo así. He nacido con el don de abrir un vínculo emocional con tan solo papel y boli, y pocas veces me he levantado pensando que algo de mi trabajo tenía un mínimo de valor. Aun así, espero que lo disfrutes. Soy una firme creyente de que cuantas más veces se lee un verso, más especial se vuelve. Así que, y lo digo desde el corazón, ojalá disfrutes estos pedacitos de mi alma. He aprendido muchas cosas, y olvidado otras tantas, para acabar en el mismo punto donde empecé, pero viéndolo todo desde una perspectiva un tanto rara, llena de recovecos y esquinas llenas de polvo donde nunca había mirado. «Metanoia», lo llaman los griegos.

Quiero recordar a todo el que lea esto y esté perdido, que estoy segura de que se volverá a encontrar. Dolerá un poco, pero al final mirarás al pasado y se te hinchará el pecho al ver en lo que te has convertido.

Para ser buena persona hay que quererte tanto como quieres a los demás, y a mí eso me ha costado años entenderlo. Es muy difícil colgarse del cuerpo de alguien cuando no sabes caminar por ti solo, porque si te suelta, crees que no podrás levantarte jamás. Las personas que damos mucho tendemos a pensar que cuanto más mejor, pero no es así. Porque cada uno es un planeta, con sus lunas y sus grietas, y es imposible saber cuántas tiene cada cual. A veces el silencio va de la mano de la compañía, ese silencio cómodo y reconfortante en el que sabes que no hace falta que digas nada.

Antes de empezar, quiero agradecer a todos los que —sin saberlo, todo hay que decirlo— me han convertido en quien soy. A mi madre, a mi padre, a mis abuelos. A Anne Shirley, por ser la niña que me ha visto crecer. Por supuesto, a doña Jimena y doña Adriana, por todo y nada, y a todos los que siempre han estado ahí para mí, aun sin enterarse de nada. Por último, pero no por ello menos importante, a ti, que estás leyendo esto aun sin saber cómo será. Gracias, de corazón, por darme la oportunidad de dejar de ser la chica del conservatorio y convertirme en la muchacha que ha escrito un libro. Espero que disfrutes de su lectura tanto como yo durante su redacción.

Encantada de conocerte.

La princesa de la torre

Las mariposas de mi estómago ya no tienen alimento
han decidido quedarse
y están hambrientas y furiosas,
rasgan mis paredes,
me clavan los dientes,
no entienden que te lo llevaste todo
y yo no me atrevo a decirles nada,
contarles que ya no estás,
que tu pérdida me deja desgastada
como un remolino que me ha arrebatado la vida
para ponerme un punto y final.

Te di todo y perdí la apuesta,
no me puedo quejar,
me advirtieron que no lo hiciera
pero decidí confiar en ti,
en la única que podía romperme en mil pedazos
tan solo con unos cuantos retazos
de una pluma sangrienta
que creía conocer a la perfección.

Recuerdo mi cumpleaños como si hubiese sido ayer.
Fue la primera vez que hablé de ti desde el dolor;
dibujé una mano en la pared
y me dije feliz cumpleaños;
yo ya sabía que no era feliz.
Lo único que quería era un mensaje tuyo
y sospechaba que no eras la misma,
así que me refugié entre las sábanas;
te echaba de menos,
como si faltase alguien en esa bandeja de mensajes.
Me animé diciendo que saldría adelante,
pero nunca olvidaré esa mañana de pérdida;
se me ha quedado estancada dentro.

Mi pequeño secreto es este rato de ilusión
en el que escribo como si alguna vez fueses a leerlo;
ayer colgamos las luces del árbol
y los fantasmas han vuelto.
No puedo seguir como si nada hubiese pasado
¿Dónde están esas crías?
Estoy reviviendo todo desde una tercera persona,
susurrando a esas niñas que no se vayan,
tiritando en un castillo abandonado
desgarrándome el corazón;
me muero.

No eras mi musa, nunca tuve una,
pero sé que había algo de ella en ti,
algo que te llevaste una tarde de octubre
y no pude volver a recuperar.
Tiene algo que ver con mi sonrisa
y también con mi manera de hablar,
con la manía de desconfiar del mundo
y pensar que cualquiera
va a venir a romperme el corazón
como si yo fuese lo más profundo de ti,
una chica llena de tragedia
tocando fondo para verte sonreír.

Confío en que algún día volverás y nuestra conversación será tan sincera y profunda que todas las mentiras se desvanecerán en el aire, y yo sonreiré de una vez por todas, y de repente las flores volverán a tener color, la humanidad será maravillosa y todo será tan tuyo que todo este dolor valdrá la pena. Volveré a reír sin miedo, a vestir sin sentir cómo me apuñalan las miradas. Seré yo, la chica que salta los obstáculos en vez de esquivarlos. Volveré a ser la que siempre he sido. Prométeme que lo haré.

Ojalá saber la manera
en que pronunciaste las palabras mágicas,
la manera en la que se curvaron tus labios,
las caras de asombro y pena
y tu remordimiento ahogado en unos paños.
Ojalá supieras cómo lloraba cuando leí esa frase,
la manera en la que me temblaban las manos,
mi expresión de muerta en vida
y el consuelo de que «solo será un año».

Ingenua de mí por pensar que la continuidad te gustaba.
¿Dónde se supone que tengo que ir ahora?
¿He sido algo más en mi vida que tuya?
Que alguien me ponga la mano en el pecho
porque creo que el corazón ya no me late.

Tú y yo igual morimos,
ahogadas en el barco de las falsas esperanzas,
pero ellas no lo harán.
Salvarlas será lo último que haga.
Se lo debo.

★★★★★

No sé dónde estás...

Pensaba que una parte de ti reconocería mi piel y saldría, pero me equivocaba. ¿Dónde quedó mi confianza cuando te pusiste delante? ¿Qué has hecho con todas esas palabras que tenía que decirte?

Y ¿dónde quedaron tus «te quiero» cuándo aparecí yo? Tu empatía, tu respeto por la chica a la que sonreías.

La culpa mata, y como no sé quién la tiene, está acabando con las dos.

Este día me va a atormentar durante años, porque mi manera de superar esto es escribirlo. Al parecer, la tuya es mucho más cruel. Atacaste con la bala el segundo en el que cruzaste la puerta, pero luego hiciste algo incluso peor. Me abrazaste. Me abrazaste después de pisarme, romperme en mil pedazos, cortar mi fuente de vida, insultarme, maldecirme, culparme de todo, quedarte con la cal y llenarme las manos de arena, apretarme los pulmones hasta dejarme sin vida, atarme al suelo para que el mundo me pidiese levantarme. Rodearme con tus brazos para después ahogarme. Me abrazaste para seguir con una mentira con la que llevábamos demasiado tiempo fingiendo, que ya parecía natural. Pero tranquila. Nadie notará que no me enfadé por algo simple. No fue una niñez. Que todas las cosas que dije durante la cena tenían un iceberg debajo que solo tú podías comprender.

Solo recordar tu cara al pasarme el pan me da náuseas debajo de la ducha. Vi mi propio reflejo llorar detrás de la cortina, y es algo que nunca me ha pasado.

No he vuelto a ser la misma, y estoy harta de no reconocerme. Desnuda debajo de una tormenta de la que no consigo ver el final. Culpándome por cosas que nadie podría haber sabido, buscando la manera de justificarte por tirarte la primera de un barco que se estaba hundiendo, donde yo era la capitana.

Me visto de negro una última vez, para enfrentarme a tus armas envueltas en doce uvas. Ojalá todo salga bien, me digo, porque no me queda otra opción. Vas a quedarte en este abismo que es muy grande para una sola persona, y solo puedo irme. Ya no formo parte de esta familia de distinta sangre a la que adoré durante tantos años. Adiós.

Os he querido mucho.

La princesa de la torre

El dolor es cosa de uno,
algún día lo comprenderás;
no intentes refugiarte detrás de nadie,
cuanto más huyas
más te perseguirá.

★★★★★

Tengo miedo de mis emociones,
porque ellas me conocen, pero yo a ellas no.

Estoy harta de las mariposas,
son como polillas,
han ido buscándote por mi corazón,
pero no te encuentran
—tal vez te tenga bajo llave—.

Han pasado tres meses,
parecen dos años;
tengo las manos doloridas
y los ojos cansados;
he tenido que ser muy mala
para que esto me pase a mí.

Qué suerte tienen algunos
de poder vivir con los ojos cerrados,
protegidos por el techo de la ignorancia.
Qué fácil es no pensar en lo que pasará en quince años.
Qué fácil es no acordarte de lo que dijiste aquel día.
Daría todas mis reflexiones,
todos mis sobresalientes
por poder dormir como vosotros,
sin un constante martillo en el pecho
preguntándose qué hiciste,
un metrónomo avisando de lo que se acerca,
intentando protegerme de mi propio mal.

No lo entiendes,
me ha costado mucho alejarme de ti
para que ahora vuelvas aquí,
a mi banco de flores marchitadas,
a decirme que te mire otra vez
a esos ojos brillantes
llenos de una emoción que no consigo reconocer.

¡Oh, Circe…!

★★★★★

¿Qué pretendo hacer
dejándome arrastrar por el viento
sin voz ni voto
como un fantasma
muerto de miedo
por que vuelvas a mirarme?

¿Qué es esto a lo que me enfrento?
No sé ni cómo llamarlo,
solo que es fuerte
y va poco a poco
llamando a todas las puertas;
se los está llevando a todos,
pero yo no quiero irme,
quiero que me devuelva
todo lo que me quitó.

—Adolescencia.

No te atrevas
a hacerte la víctima,
a quejarte de la normalidad,
porque era como tú
y te prometo
que, aun con todo lo que me has hecho,
no te desearía ni un cuarto
de lo que tuve que pagar yo.

Soy tantas cosas al mismo tiempo
que colapso y no soy ninguna;
tengo recuerdos
que me atraviesan como balas
una y otra vez.

Te dije que escribieras cuando estuvieses lista, .
lo que no me imaginaba
era no estarlo yo;
saqué el escudo al verte
porque me tenías tan acostumbrada
que intenté imitarte.

Si no quieres admirar mi belleza
es solo culpa tuya,
si intentas mirarme con desprecio
ahórratelo,
no empañes mis deidades con tus monstruos,
ya tengo bastante con los míos.

Intentas abarcar
algo que no puedes ni siquiera imaginar.
Agradezco tu compañía,
pero no quiero tu compasión;
ahora ya no
no me hace falta que vengáis a darme flores,
si cuando estaba intentando salvarme en el hospital
me cerrasteis las puertas de vuestro mundo,
que hasta ese momento también había sido el mío;
yo no sé cómo hubiera reaccionado,
pero vuestra manera me ha dejado una huella
justo en el centro del pecho,
como si se tratase de una bala.

Quería un poco de empatía,
no estas caras.
Sed felices.
Lo mío tiene remedio,
no me voy a quedar así para siempre.

Me siento tan rara;
no encajo aquí
con vuestros «te quiero», a los que se los lleva el viento,
con vuestra estúpida manía
de entregarse al hombre por ser hombre,
y a veces no se merecen ni ese nombre;
igual tiene algo que ver con cómo me miran
cuando voy sin chaqueta,
pero yo no me fiaría de ese chico,
levanta la mano en diagonal
y se tatuaría cierto símbolo cientos de veces;
tiene una mentalidad medieval,
pero igual la rara soy yo,
otra vez más.

Como se te ocurra cruzar nuestro altar
de la mano de otra
dejaré de respirar
y mi corazón estallará en pedazos.

Tu nombre está grabado a fuego en mis pulmones,
me tiemblan las piernas.
Malditos todos los que pueden vivir sin sentir;
me daba miedo decirlo en voz alta
por si se hacía realidad,
pero me he dado cuenta,
soy una dependiente,
tú lo descubriste antes que nadie
y te pido perdón por ello,
solo era una niña, al fin y al cabo,
intentando cobrar mis anhelos de alguna parte.

Veo tu silueta conocida
aparecer por detrás de la puerta
y ese cuerpo maltratado por el hambre,
tu forma de hacer las cosas
con una seguridad que parecen fáciles;
te conozco de pies a cabeza
y cada molécula de oxígeno
me recuerda a ti,
tienes los ojos de dos colores
y el pelo oscuro como el carbón,
no es la metáfora más bonita,
pero viene de tu propia tierra,
que pronuncias entre mezclas de dialectos
y me recuerda a mi abuela,
que sigue preguntando qué nos pasó.

Prométeme que me guardarás en alguna parte.
Dime que todo esto
ha servido de algo
a alguna de las dos.

★★★★★

Te tengo miedo.
Tengo pánico de hacer algo que te disguste,
terror de mis errores
por si te acabas enterando de ellos.

No me dolió el fin,
me dolió darme cuenta en pocos segundos
de todo lo que había pasado en mí
mientras estaba encerrada en tu burbuja;
me dolió ver cómo tú volvías a ser tú,
tan rápida, tan valiente
mientras yo me caía una y otra vez,
siempre por el mismo agujero.

Estoy sola,
pero en paz.
El silencio no me abruma
y prefiero quedarme en este mar
que solo yo entiendo.

He intentado comprenderme,
pero todo sería más fácil
si nuestras emociones vinieran con etiquetas.
Me he levantado de la cama
sintiéndome un soldado,
porque cada mañana es como si mil fuerzas
me empujaran a quedarme,
y estoy orgullosa de mí
por haber estado cuando nadie estuvo.

Como si el mundo estuviese gritando,
pero nadie le escucha.

★★★★★

Te veía a miles de kilómetros de distancia de mí,
pero tú insistías en que estábamos hechas
por el mismo patrón.

★★★★★

Cada herida en mi cuerpo
es como una obra de arte
que intenta reflejar
mi interior,
si no sabéis mirar bien
no os asustéis,
a mí también me dieron miedo.

¿Qué eres?
¿Por qué me tocas?
No te he dado permiso.
Sal de mis entrañas,
déjame sonreír,
déjame vivir.

★★★★★

Yo también me siento así,
pero cómo te explico
que si te digo que sí,
me matan,
y si te digo que no,
me muero.

Esa cosa que se retuerce dentro de mí,
que me mira a los ojos con miedo
y me dice
¿ya se ha ido?
Esa cosa que me rompe los esquemas
y, cuando menos me lo espero,
llega sin avisar
para susurrarme al oído:
«te dije que no valía la pena».

Te prometo que lo estoy intentando,
luchando contra mí misma
día y noche,
pero soy incansable;
creo que voy perdiendo.

Miro a la grieta,
ahora está desierta;
ya no queda nadie,
el silencio es el lenguaje más profundo
y me abrazo las rodillas;
sabía que no os ibais a quedar conmigo.

★★★★★

No sé ni lo que te estoy pidiendo,
pero tú me lo concedes.
Sigo sin saber qué es querer,
pero yo también te quiero.

El público grita mientras yo me quedo de pie,
aguantando las ganas de chillar también;
me tiemblan las piernas,
pero me han puesto una corona en lo alto de la cabeza.
Ahora tengo que ser princesa
de un mundo que me pide más de lo que puedo darles;
«no sé hacer esto»,
le digo a mi compañera,
pero se ha ido;
ya no hay nadie,
solo estoy yo.

Otro más que llama suerte
a aquello por lo que me he roto las manos;
otro más que piensa que la vida me lo pone más fácil
por hacer lo que hago;
no me vuelvas a mirar
como si fuese un monstruo,
tú también podrías
y no es culpa mía que no te apetezca intentarlo.

★★★★★

Intento vivir
sin ver,
pero no hago más que ver
y no consigo vivir.

Todo lo que me pasa es miedo,
tengo miedo de las cosas
que ya han pasado
y de aquellas
que no sucederán jamás,
pero, por encima de todo,
me dan miedo tus gritos,
me da miedo tu voz,
me da miedo todo aquello
que alguna vez fue reconfortante
y ahora es una tortura
para todo lo que soy.

Hoy he escrito la misma historia
con diferentes palabras.
He dado mis primeros pasos
sin que tú estuvieses ahí para verlos.
Hoy he conseguido llorar
y mis lágrimas no tenían nada de ti.

★★★★★

En vez de ayudarme a olvidarme de ti,
tú has ayudado
a que no me olvide de ellos.

Estoy harta de escribirte. Cansada de hacerte homenajes a cambio de promesas olvidadas. Ya me has demostrado que no moverías un solo dedo por mí, y yo sigo aquí, arrastrándome detrás de ti. Nunca me quisiste. Nunca me quisiste porque estas cosas no se le hacen a la gente a la que quieres, nunca. Odio que todo lo que te rodea tenga un aura de misterio que nadie se atreve a mencionar. Odio que tu nombre deje un sabor amargo cada vez que lo digo, como si estuvieses detrás de mí, pisándome los talones. estoy harta de las miradas en tensión que al parecer intentan no herirme. Dejé miles de flores en tu puerta y las tiraste directamente a la basura. Mis manos no encuentran lugar en otro sitio que no sean las tuyas, porque siempre pensé que encajaban perfectamente. Me tumbo por la noche y tu sonrisa vuelve a aparecer, como si fuese una película que se repite una y otra vez. ¿Y sabes lo peor de todo? Que sé que tú te deshiciste de mí en una semana, como mucho. Que por mucho que digas que me quisiste con todo tu corazón, no es posible. Un ser tan horrible como tú no puede amar. Y me das pena, porque es una lástima que me perdieras. Estaba dispuesta a rechazar mis sueños, a ir detrás, siempre que tú fueses conmigo. De la manera que quisieses, pero conmigo. Era tan bonito cuando éramos tú y yo. No había nada más. Ni miedos, ni promesas que sabíamos que no podíamos cumplir. Solo las risas sinceras, que dejábamos sonar antes de enfrentarnos a un mundo que, además de gris, era cruel. Esos recuerdos huelen a arena y vaselina mezclado con unas gotas de nostalgia. En conclusión, te echo de menos.

De la torre;
por una de las miles de historias no contadas
de aquella fría guerra civil,
que se toma a risa en los institutos,
por todos esos que no han visto
la rabia mezclada con dolor
en el reflejo de los ojos de un abuelo
que siempre parecía extremadamente calmado;
la suya es una de muchas,
me da pena pensar que morirán
y sus bisnietos no se acordarán de su apellido,
por eso mismo de la torre quedará en la historia,
aunque solo sea en el estante de una librería.

¿Nos volveremos a encontrar?
Vamos a bailar bajo la lluvia
para ver si de una vez por todas
conseguimos sonreír.

★★★★★

Valora lo que tienes antes de que la vida
te enseñe a valorar lo que tuviste y no supiste ver.

★★★★★

Nos podían hacer daño tantas cosas
que al final nos lo hicimos nosotras.

No te sientas mal porque digan que eres mala, mamá;
es tu primera vez siendo madre,
pero acuérdate
que a mí tampoco me han enseñado nunca
a cómo ser tu hija,
no existe un manual
y es mucho más difícil de lo que crees.

Con qué palabras explicarte
que, a mí, verlo me inunda de emociones
no especialmente bonitas,
que me quema con recuerdos
mientras aplaudo y sonrío;
yo me caía
y tú no te dabas cuenta,
el ballet me daba alas
y vosotras me las cortabais;
parece mentira que compartiéramos vestuario,
porque parecíais animales salvajes
buscando a la próxima a la que atacar.

Me sonreí en el espejo
y me acaricié todas las heridas.
—¿Qué hacías ahí arriba?
—Curarme.

★★★★★

Me consuelo diciendo
que eres un hombre,
pero en el fondo sé
que te hubiese confiado mi vida.

★★★★★

En mi corazón habita un silencio
en el que retumba el eco
de mis sueños rotos.

★★★★★

Anne Shirley no tendría que haber tenido ese final.

No me eches a mí la culpa
de que nunca te hayan enseñado
que el amor se forma con el corazón;
piensas que la atracción basta para la felicidad
y en el fondo me das pena,
intentando buscar seguridad en los cuerpos de mujeres
que no han tenido otra opción.

De verdad que no comprendo
cómo podéis pensar
que vuestra opinión sobre mi vida
me importa lo más mínimo.
—En realidad sí lo hace, pero no se lo pienso
demostrar a nadie más que a mi almohada—.

Quiero dedicar un poema
de este recoveco de sentimientos
a darle las gracias
a esas dos chicas;
son como un faro en medio de la tormenta
para un barco diminuto,
me han salvado de ahogarme tantas veces
que conocen el sabor de mis lágrimas mejor que yo.
Se han reído de mí
como nadie lo ha hecho,
pero aun así daría mi vida
y cien más
por verlas sonreír.
No os quiero,
os adoro.
Gracias.

Desde pequeñita me enseñaron
que solo soy lo que demuestro a los demás;
«los trapos sucios se lavan en casa»,
decía mi abuela,
que comía lo que sobraba de la tienda,
pero su hija siempre sería la más lista
y la más guapa.
Dos joyas con raíces mineras
que por culpa del mundo
vivieron en una sociedad
en la que el mejor cumplido para una mujer
era saber cuándo callar.

No te vayas.
¿Qué se te ha perdido tan lejos?
Quédate conmigo,
te lo ruego.

«Me volvería a llevar»
y se te ha olvidado
por qué paré de escucharte hablar;
tal vez no recuerdas
cuando decidiste por las dos
terminar nuestra historia
cerrando las puertas de nuestra casa
y diciéndome que era culpa mía
no saber arreglar tus problemas;
me trataste como si fuera basura
que te diera vergüenza tener
no una, cuatro veces,
cuatro marcas en mi espalda,
y cuando pensaba que no podía ir peor,
volviste
con un perdón que te tuve que recordar
como si estuvieses obligada
para deshacerte del fantasma de mi voz.

La palabra «familia»
me hace llorar con solo oírla,
todos podemos pronunciarla,
pero pocos saben lo que significa
y, cuando ves a alguien destrozado
aferrarse a esa palabra tan efímera,
es cuando te das cuenta
de lo frágiles que somos
intentando subir a la flota
para salvarnos de algo
que nosotros mismos hemos inventado.

He estado dando vueltas entre las sábanas
mirando a la pared, como si mis soluciones
estuviesen allí escritas;
enchufé el mp3 una vez más
para volver a estar contigo;
me da miedo el futuro que me espera
porque sé que no estarás aquí;
quiero gritarle al cielo
todas las promesas que rompiste,
cortarme las alas,
aprender a volar.

★★★★★

Hay tanta tensión que me ahogo
intentando respirar un aire que solo sale de ti.

He pasado toda mi vida
escuchando notas
en sitios donde tú oyes ruido;
aprendí a expresarme
acariciando unas teclas
para que me diesen el sonido que yo quería;
no pretendas comprenderlo,
solo soy música,
eso no me hace perfecta,
pero me da el billete de ida
a un planeta que tú no conoces
y no podrás entender jamás.

Ocho meses he pasado ya
sin el calor de tus abrazos,
sin tu compañía.
Me doy ánimos,
solo me queda el resto de mi vida.

Mi gran duda será siempre
si quiero tener niños;
la vida les haría daño
y yo no soportaría verlos sufrir,
pero si no dejo que se caigan,
no van a aprender que el suelo está duro
ni que en invierno hace frío;
no sé qué me deparará el futuro,
pero soy muy joven aún,
todo el mundo es muy joven aún.

Me tratas con desprecio
mirándome con asco
«¿Qué haces?»,
le pregunto a mi corazón,
mientras te espero a la salida.
«Ya no nos quiere», me contesta.

★★★★★

¿Tengo que matarme de hambre para haceros felices?

Me he pasado toda mi vida
cubriéndome de capas
para que llegues tú,
con tu mente acomplejada,
a reírte de mí
porque me viste mirando tu abdomen plano
a través del espejo del baño;
una mujer no se ríe del cuerpo de otra mujer,
recuerda que tú empezaste esta guerra,
no vengas a llorar con que te llaman tabla
después de darme donde más me dolía;
no soy como tú,
nunca lo seré,
no intentes convertirme en tu enemiga,
somos iguales,
de verdad que lo somos.

Me hizo madurar,
me despertó de un sueño muy largo,
pero no lo necesitaba.

★★★★★

Hubo un tiempo en el que tus ojos
brillaban como estrellas.

No te he dado ninguna de mis cartas
porque soy una cobarde,
lo he sido siempre
porque así me han educado;
es fácil dejar las cosas tal y como están
pero, ¿ese es el final que nos merecemos?
Siempre estaremos en otra vida,
supongo que podía haber salido mejor,
ahora me tendré que conformar con esto,
sentada en el desván de un amor
que me ha devastado el corazón.

Hemos conseguido ir a la universidad,
bailar sin que nos critiquen
poder hacer lo que queramos
con nuestro cuerpo
porque es nuestro,
pero hay que pararse a pensar
en dónde está el problema real;
nos ven como artilugios sexuales
desde que cumplen los diez
y eso no se arregla con leyes,
el problema está en la cabeza
y no lo solucionáis así,
no queréis hacerlo;
para arreglar un país hacen falta ganas
y deberías empezar por la gente,
pero qué voy a saber yo,
si ya he aprendido a sonreír
para luego echar a correr
cuando se me acerca un señor en el bus
que podría ser mi padre.

Qué bonita es tu sonrisa
cuando no me la enseñas a mí.

★★★★★

Hoy es tres de septiembre
y estás caminando sin mí,
te veo reír de espaldas
con un nudo en el pecho,
he vuelto a recorrer el pabellón
solo para ver si nos cruzamos,
conseguir que me veas
como la luna,
rogando por la atención del sol
una y otra vez,
quiero esas mariposas otra vez,
por favor.

★★★★★

Cobarde.

Me encantaba este sitio,
no me quería marchar jamás,
aunque las ventanas estuviesen rotas
y el techo se cayese a cachos
yo la recordaba como la casa de mis sueños,
nada podría haber cambiado eso;
no me quería ir
pese a tener frío,
no conseguía aceptar
que no era casa para una sola persona
por mucho que intentarse
sostenerla con mis propias manos;
ahora la casa ya no está,
yo me he marchado a otro lugar,
pero a veces visito sus escombros;
intento no pensar
en la casa que pudo haber sido
si hubieses puesto un poco más de tu parte
y yo no la hubiese dejado derrumbar.

Te miré desde lejos,
eras el niño favorito;
construí mis palacios alrededor de miradas
que solo se fijaban en ti;
por algún motivo,
en vez de odiarte
me hiciste amarte
y no sé por qué dejé que te escapases de mis brazos;
te merecías ser el más grande,
no iba a dejar que te llevaran solo a ti,
así que me escapé de madrugada
llevando a mis hombros un peso mucho mayor
que el de tu armadura,
cuando vi delante
todo eso que tú tanto adorabas
y yo tanto despreciaba,
solo pude pensar una cosa:
«Aquiles».
Y sé que, cuando me clavó su lanza,
morimos los dos.
—Patroclo a Aquiles.

Desde que tenía doce años me decían que parecía mayor. Yo, emocionada, pensaba que era por mi manera de hablar, por cómo me expresaba. Al final, tanto leer había dado sus resultados. Cuando me lo decían, me hacía extremadamente feliz. Creía que mis ideas y sentimientos se dejarían de minimizar si podía convencerles de que era mayor de edad. Con quince me di cuenta de que, en realidad, a nadie le importaba lo que yo tuviese que decir. Eran mis pechos los que parecían mayores. Daba igual lo que aprendiese, las reflexiones que tuviese. No importaban ni Dostoievski, ni Kafka; importaba mi escote. ¿Y quién se va a parar a preguntarme qué opino del sistema educativo? Se irán contentos a dormir sin saber el mundo interior que tengo, la cantidad de historias que tengo que contar al mundo.

Y lo más doloroso es saber que no soy la única ni mucho menos. Que todo esto que me pasa a mí le ocurre al resto, y que todos lo hacemos porque es a lo que nos enseñan.

Quieres a una chica sumisa, que no tenga nada que decir, sin una vida que narrar. Ahí es cuando me pregunto si de verdad quieres a una mujer o solo pretendes encontrar un jarrón bonito para adornar tu putrefacto salón, lleno de mentiras y rencores, de imperfecciones e inseguridades. Perdemos valor, decís, y cada vez retrocedemos más en estos derechos que tanto nos ha costado ganar.

No os deseo el mal, pero ojalá veáis a vuestra hija morir de hambre por un niño que ha hecho el exacto mismo comentario que dijisteis vosotros entre risas hace treinta años a alguna muchacha que solo se lo estaba pasando bien.

Me he pintado las uñas de verde, porque siempre me ha gustado. A nadie le gusta el verde. Nuestro cerebro lo asocia con veneno y lo rechaza. Pensaba que era gris, pero quién sabe... Igual soy verde.

«Albismo»: proceso psicológico mediante el que una persona experimenta la bomba emocional de otra por primera vez, se asusta y se va.

No quiero que todo lo que he vivido
se escape por un agujero,
recuerdos que flotan en el oxígeno
que rodea a mi cuerpo
y solo puedo traer de vuelta
al arrancarme las venas;
estoy empapada de tu vida,
mi cuerpo es un altar a tus memorias,
todo parece cada vez más lejano,
no quiero verte y no recordarte,
ayúdame a salir de este bucle,
rómpeme de una vez
a ver si aprendo a no volver,
a ver si aprendo que ya no me quieres.

★★★★★

Hazlo. Hazlo ahora.

Cosas que me gustan:
los atardeceres
las uñas de color verde
las joyas doradas
la ropa italiana
los pelirrojos
los vinilos
las *romcoms* antiguas
la gente introvertida pero amable
las botas cowboy de colores
la masa de las cookies —sin hornear—
el olor a mar
los Filipinos de marca blanca
los museos
los abrazos
el sol
la constelación de Géminis
la lluvia
Anne Shirley
Londres
secta de Meta
los cuestionarios
Grecia
la sinapsis
el pelo rizado
el color del fuego

Estoy volviéndome loca entre todas estas hojas
llenas de recuerdos y de memorias
de cosas que pasaron hace mucho
y hemos recreado mil veces en mi cabeza,
estás impregnada en cada una de ellas,
me enredan las últimas palabras que me dijiste,
ahogándome para que te diga que te quiero.

Siempre digo que he cambiado mucho,
pero tal vez sigo siendo la misma;
soy la misma que sonreía por tus mensajes,
la que se despertaba por las noches
soñando con que estuvieses aquí;
duele, pero siempre ha dolido,
nada ha sido fácil nunca;
en mis libros tienes los ojos más preciosos del mundo
y, cuando me miras, las estrellas brillan un poco menos.
¿Qué ha pasado con todo eso?
¿Y por qué tú lo llevas tan bien y yo tan mal?

★★★★★

¿Por qué la comida es un tema tabú?
¿No es lo que nos mantiene con vida?

Me maravillan las miles de cosas
que pueden pasar con un «hola».
El mundo está en constante cambio,
todos nosotros somos interludios,
transiciones entre unas melodías y otras
haciéndose un hueco en la carrera de la vida,
cada persona es un enorme esquema
imposible de organizar,
eso es lo mejor de todo,
tener ese fuego dentro
con ganas de levantarte y decir
lo primero que se te ocurra,
somos ciudadanos de la misma tierra
aunque unos empiecen antes que otros;
al final todos somos humanos,
trataos como tales,
hacednos ese favor.

Fue un día de otoño
en el que me dijiste que me querías,
te dije que los novios no duraban,
me contestaste que lo haríamos durar;
yo sabía que esa conexión
no la iba a volver a tener con nadie,
así que me arriesgué contigo;
una parte de mí
sabía que había empezado la caída
de nuestra montaña rusa,
pero lo dejé pasar,
al fin y al cabo
eras tú o nadie;
cerré los ojos y me dejé caer.

Si te pudieses ver como yo te veo,
con tu pelo oscuro,
tus manos ágiles;
te mereces todo lo bueno del mundo,
ojalá haberte conocido antes;
me he perdido muchos años tus malos chistes,
no quiero malgastar ni un minuto más;
siempre he sido una cursi,
pero no te rías ahora;
sí, te hablo a ti,
la del naranja,
esa misma,
gracias por llegar a mi vida
y enseñarme lo que es la confianza,
daría mi vida por la tuya,
no exagero.

Rodeaba mi inicial con corazones
soñando en lo guapa y delgada que sería,
no sé cómo explicarle a esa niña
que sí, que estoy más delgada,
pero no mola nada;
que el último dibujo que hice
dolió tanto que no volví a tocar un pincel,
y que no he salido en una película
ni en un musical;
hace cinco años que no veo a mis abuelos de Madrid,
y en general me agobia no poder gritar.

No soporto los cambios,
siempre me hacen llorar;
los mejores años de mi vida
están yendo demasiado rápido,
me da miedo despertar un día
y no saber qué carrera estudiar
porque vivo en una ciudad normalita
con una familia corriente
y necesito destacar,
necesito que la gente me conozca,
pero no sé por dónde empezar;
sé que hay alguien ahí fuera
que se siente igual que yo,
pero no me espera,
ni nunca lo hará.

No sé si llegarás hasta aquí,
pero, si lo haces, que sepas que te quiero.

★★★★★

Por favor, que alguien me diga
qué es exactamente lo que me pasa
con etiquetas y soluciones,
las notas ya no son suficientes
necesito algo más.

He terminado rindiéndome,
asumiendo que todos vamos a perder la sonrisa;
yo lo había hecho hace mucho,
pero no quiero que te pase a ti también;
dices que es culpa del instituto,
que en verano volverás a ser la misma,
no te gusta que te lo recuerden,
pero entiende lo difícil que es para mí
verte sufriendo en silencio
por algo que no sabes cómo se llama;
a mí también me ha pasado,
pero os tenía a vosotras para sujetarme;
no puedo hacer nada por ti
si no me dejas ayudarte,
y lo que mas me entristece de todo
es darme cuenta de que no volverás,
de que te veré desaparecer por meses
hasta que un día despiertes y te des cuenta
de lo bonitos que son los atardeceres,
y sonrías una vez más
enseñándole al mundo
que eres la estrella que más brilla,
una dríade floral.

Comunicado (no) oficial para ella:
solo te he visto por fotos
y no puedo dejar de pensar
que tienes la sonrisa más bonita,
pareces extremadamente maja,
seguro que le haces muy feliz;
sé que no sois nada,
no tienes cara de ser como yo,
pero ha decidido estar contigo
después de abandonarme a mí,
así que voy a volver a ver la foto
intentando encontrar las siete diferencias.
No me conoces,
no sé lo que te habrá contado,
pero no puedo evitar aliviarme
cuando quita tu nombre de su descripción,
seguro que tú no tienes que subir las cejas
y puedes usar zapatos planos,
eres capaz de comer cuando tienes hambre,
no te imaginas lo que deseo ser tú ahora mismo,
cómo lo ibas a hacer,
si solo has oído mi nombre de los labios del rencor;
te voy a pedir una última cosa,
un favor personal:
sed felices,
por favor.

He pensado en llamarte,
pero no lo cogerías;
te diría que lo siento,
ha sido sin querer,
pero detrás de ese sin querer
hay mil poemas no recitados,
mil canciones dedicadas en silencio,
mil lágrimas en la oscuridad
y mil mensajes sin enviar.

Tengo una chica persiguiéndome por la habitación,
tiene el pelo brillante y voluminoso
la mirada felina
y las cejas perfectas.
Es graduada en medicina
y también es cantante.
Ha aparecido en varias películas,
ha escrito varios libros.
Lo gracioso es que solo tiene dieciséis,
pero tiene esa sonrisa,
esa sonrisa que me recuerda a la mía,
pero no piensa en el pasado,
ella solo mira al futuro
y vive el presente.
Quiero ser ella,
necesito ser ella,
¿por qué no soy como ella?

Creo que las mujeres
son la cosa más interesante del mundo,
más que el espacio, más que la historia.
de cada mujer se podría hacer un museo
con sus cosas favoritas, con sus pequeños traumas,
y veo a todas esas historias brillantes
fundirse en un altar y una casa,
en un anillo y un bebé,
como si fuese la única manera de vivir,
como si estar solas no fuese una opción;
conocemos la tentación de primera mano
y sé que, con sus promesas en el aire,
es muy cómodo quedarse en su cama,
pero tienes mucho más que contar,
tienes mucho más que vivir,
no eres mujer de nadie,
no dejes en el olvido todo eso que te hace tuya,
no puedes hacerlo;
el mundo retrocede un paso
cada vez que una mujer calla,
y sé madre
y sé novia,
pero no te conviertas en eso,
aún puedes tener un piso en Inglaterra
y diseñar un vestido,
deja que tus hijos lleven tu apellido,
es lo mínimo que te mereces.

Algún día me verás saliendo en la tele
y yo te miraré a través de la pantalla,
intentando encontrar tus ojos brillantes,
tratando de parecer sensata
pese a que si me llamaras, correría a buscarte.

★★★★★

Los girasoles necesitan al sol para vivir,
pero al sol no le podrían importar menos los girasoles.

No lo hagas, por favor.
No te vayas con él.
Te vas a volver como tu madre
y sé que es lo último que quieres.
Te persigue su mismo destino.

★★★★★

Mamá, te quiero.

«A los chicos les gustan con curvas»,
me dicen,
como si eso fuese a solucionar algo,
como si mi único objetivo fuera gustarles.
¿Dónde está lo que me gusta a mí?
Yo quiero ser delgada
cueste lo que cueste,
quiero llevar vestidos italianos
y camisetas sin sujetador.

No has amado de verdad
si nunca has amado a una mujer
—tú también cuentas—.

★★★★★

Qué triste es
que cuando más le guste algo a alguien,
más lo odien los demás;
es un efecto rebote
de gente sin un ápice de felicidad.

Verte es agridulce,
es como ir a la playa sabiendo que no te puedes bañar,
como beber cerveza sin alcohol,
como tener las uñas mal pintadas.

★★★★★

No quiero ni pensar en en cuánto tiempo
llevo sin sacarme una foto
y verme suficiente bien en ella.

Eres mi amor platónico
de la vega,
no sé qué tendría yo sin ti,
veo cómo te vuelves el alma de la fiesta
y normalmente intentaría serlo yo,
pero contigo no me pasa eso,
me quedo mirándote, orgullosa,
y pensando en que me casaría contigo mil veces;
te lo digo y te ríes,
eres mi mejor amiga
conviértete en quien quieras ser,
yo estaré para dejarte dinero,
o para adoptar un loro,
pero haz lo que te haga feliz,
es lo único que te pido.

«¿Por qué lo sabes todo?».

★★★★★

Deberíamos parar de hacer esto,
llevamos casi dos años así,
tendríamos que dejar de jugar al tira y afloja,
enfrentarnos a la realidad de nuestra historia inventada,
pero no podemos;
tu historia, mi visto, tu vestido y mis cartas,
es como una burbuja de mentiras
que nos anestesia del dolor.

★★★★★

Nadie entenderá lo que es ser una chica
a la que le gusta todo
en un mundo de gente a la que no le gusta nada.

Me engaño culpando a mi cuerpo de tu despedida.
Sé que ni siendo Adriana Lima
podría haberte hecho quedarte;
de qué sirve la ropa bonita
cuando tengo un nudo de palabras en el pecho
que solo tú podrías liberar,
es la parte más interesante de mí
y nunca te quedarás lo suficiente
como para poder enseñártelo.

Cruzar vuestros corazones,
sacar las pistolas;
no hay nadie perfecto,
algún día lo descubriréis;
las estrellas no son ingratas,
pese a que solo se las ve
con la ausencia del sol.

★★★★★

No estás,
ya no estás
y sigue lloviendo igual.

Algún día escucharás algo escrito por mí
en los labios de otra persona
mientras sonríe, sonrojada;
nadie sabrá que tú fuiste quien inspiró esa frase
y no lo querrás decir,
escucharás a otra decirte
lo bonitos que son tus ojos,
lo que ella no sabe
es que yo lo he dicho antes,
yo ya me he empapado de melancolía
por tus orbes brillantes,
nadie me puede arrebatar eso,
ya no pueden,
es lo único con lo que me he quedado.

En las grandes ciudades no te sientes juzgado,
cada persona está demasiado ocupada,
nadie se va a fijar;
esa es mi parte favorita de Londres,
hay tantos turistas encontrando paradas de metro
que tú puedes encontrarte a ti.

Quiero escribir un libro sobre nuestra historia,
pero aún no tengo el final.
Estamos en ese punto intermedio
que hace que una historia sea olvidada
o se convierta en una obra maestra.

«Veo cómo la miras, cómo dices que quieres volver al pasado una y otra vez. Admítelo, me cambiarías por ella sin pensarlo. Soy tu mejor amiga, pero no he sido la primera. Te conozco, la echas de menos».

A lo largo de mi vida
he visto a mis tres personas más queridas
perder todo rastro de brillo;
intento unir los hilos
y al final me quedo con que la culpa tiene que ser mía,
que vaya por donde vaya contagio ansiedad
y melancolía,
no quiero hacerlo;
dejad de perder la sonrisa,
por favor,
odio ser así.

Me siento vulnerable frente a vosotras,
no encajo en ningún sitio,
yo también me quiero reír con esa broma,
pero la risa no me sale,
yo antes era muy risueña,
lo juro.

Va por ti,
claro que va por ti;
desde hace mil años va por ti,
desde los calcetines que llevo
hasta mi canción más escuchada,
un inútil intento de llamarte
en mi última escalada
a nuestro antiguo altar.

Ves mi historia a los pocos segundos de haberla puesto
y se me escapa una sonrisa;
no sé a quién intento engañar,
sigo siendo exactamente la misma;
cuando eres tú quien me habla
no sé hacerme la dura,
te lo dije muchas veces,
soy incapaz de contestarte borde,
no puedo hacer como que no me importas
porque me pasa exactamente lo contrario,
tenemos un amor irreal,
imaginario
y lo peor de todo
es que he sido yo quién lo ha creado,
como una bestia que ahora me persigue
amenazando con llevarse el oxígeno de mis pulmones
y la sangre del corazón.

Veo vuestras fotos una y otra vez
muriéndome de ganas de estar ahí
una última vez,
mentidme,
quiero volver,
me dijisteis que iba a volver;
ahora sois dos extrañas
que han crecido alejadas de mí,
no sabéis nada
mientras yo lo sé todo;
a una la odio,
a la otra la adoro;
se mezcla en un sentimiento agridulce
que no tenía cuando pintábamos caracoles,
bordando palabras de cariño una y otra vez
sin una llave que nos asegurara el futuro;
igual es el karma por no haber cambiado de tema,
quién sabe,
pero daría mil días de sol
por poder estar en ese pueblo otra vez
corriendo detrás de portales.

Eros, no me hace ninguna gracia, que lo sepas.

★★★★★

Solo necesito unas horas para liberar el nudo
que tengo en el pecho,
decírtelo todo y quedarme sin nada,
nacer de entre las cenizas
de un amor destrozado por factores internos,
tratando de protegerse de lo que había afuera.

★★★★★

¿Qué más podemos esperar
de la que siempre ha sido la rarita?

Tumbada en la cama
mientras me siguen saliendo espinas,
cada vez soy menos querida.
Cuanto más lo intento
más rápido crecen,
alejan a todos de mí.

Yo podría haber estado ahí si no la hubiésemos cagado, si hubiese controlado lo que hacía, si hubiese sido más madura, más inteligente, más discreta, menos ruidosa, si me hubiese dado cuenta de todo lo que pasaba, si te hubiese impedido irte, si no me hubiese puesto de los nervios, si te hubiese tratado de entender mejor, ¿por qué soy yo la que lo pasa mal? Sigue todo igual, pero sin mí. Tal vez no era tan interesante, no era necesaria. Haberme dado cuenta. Estoy peor que estaba antes. He vuelto a caer, me odio por eso. Fue por mi manera de hablar, ¿verdad? Por mis párpados caídos. Sí, seguro que sí.

Pensaba que esa música no te gustaba,
de verdad que lo pensaba.

★★★★★

Igual es que no estoy hecha para amar.

El desagüe de la ducha se lleva mis lágrimas,
estoy volviendo al principio
y me detesto por ello,
ellas también lo hacen;
no encuentro nada reconfortante,
tengo ganas de gritar,
ya he vivido este cuento,
no quiero repetirlo otra vez.

No te vuelvas una desconocida.
Once meses ya sin verte,
tachando días en el calendario
para una fecha inconcreta
que puede que nunca llegue.

Sumergida en una angustia constante,
con oxígeno pudriéndose en mi pecho,
siguiendo de espaldas a mis mayores miedos,
procurando no ver el futuro que me espera;
lo veo todo muy claro
hasta que llega el momento de decidir,
la gente empieza a gritar
y yo solo quiero seguir en este momento,
repetir el pasado una y otra vez
sin conocer ni una sola gota de él;
he estado más tiempo deseando volver
que lo que estuve ahí,
y mis manos se tiñen de rojo una última vez
viéndolo todo desde una tercera persona,
pensando que esto no me puede estar pasando a mí.

Nunca sabes lo que puede causar
un comentario sin maldad
que ha caído en un mal lugar.

★★★★★

Estoy harta de ver museos vacíos
y de vuestras caras borrachas de vino.

Mamá, quiero volver,
quiero acurrucarme en el sofá al volver del colegio,
quiero soñar con ser cantante,
quiero ser como ellas,
ayúdame a ser como ellas,
por favor.
No quiero sacar buenas notas,
no quiero ser la rara;
me has pasado tu maldición,
no puedo querer a nadie más,
hace mucho tiempo que tengo frío
y odio saber que yo soy el motivo,
nadie me dijo que la recaída sería la peor parte;
abrázame fuerte,
hasta que se me olvide
que no estarás aquí para siempre,
te quiero,
y te lo digo tanto
que las palabras
se me gastan en la boca.

Sé que el miedo nos pegó unos cuentos hachazos,
pero la que nos mató fui yo,
contándote un peso que caía sobre mis hombros,
intentando que me ayudases a cargarlo
aunque no podías,
sé que no podías.

Que no os engañen,
que yo he sido la de las cartas
y al final se acaban cansando,
se dan cuenta de que las palabras
son como cubos enormes de agua
que caen sobre sus pies
y ya no las quieren,
ya no las valoran;
eres demasiado complicada
—solo va por el primer párrafo—.

Es mentira,
yo sigo teniendo doce años.

Sigo igual de mal,
diría que estoy incluso peor.
Se está derrumbando,
todo se está derrumbando.

Ahora es cuando quiero que me abraces;
siempre lo supiste todo,
seguro que tú sabes qué tengo que hacer,
hemos sido un desastre,
pero ahora te necesito aquí
aunque me odies,
aunque no nos volvamos a ver;
vuelve ahora,
no puedo afrontar más sola,
por favor.

Es que aún no he asumido que no me volverás a ver de la misma manera. Me pierdo una y otra vez en estar contigo en un mundo sin consecuencias, porque sé perfectamente que en este ya estoy arruinada. Fue el miedo, ahora sé que lo fue. Pero entonces, si no nos hemos hecho nada, ¿en el fondo me quieres igual? Fueron unos meses raros, yo también lo sentía, pero las cosas no desaparecen ¿no? Pensaba que me preferías. ¿Por qué no vuelves y estás conmigo? Soy la mentira más bonita que podrías ocultar jamás. Me dijiste que me esperarías, pero ya ha pasado mucho tiempo y te has cansado. Me hablas con vocales vacías, sin desprecio, pero sin afecto. Soy una desconocida en las voces de tu cabeza, y no te acuerdas de mi voz. A mí sí me afecta. Estoy torturada hasta las entrañas por una extraña que alguna vez me tuvo de contraseña. Ya sé caminar sola, pero no quiero hacerlo. La vida me va a hacer daño, aunque intente protegerme; entonces coge un Alsa y ven a buscarme. Lo haría yo, pero solo sería una sombra en nuestro juego de idas y venidas, y acabaríamos igual que siempre. Podría jurar que te vi sonreír mientras me contabas las últimas noticias de tus amigos, haciendo como que hablabas para todos pero mirándome fijamente a mí. Yo te escuchaba atentamente, porque habías hablado tú primero después de tantos años. Pienso que esa escena fue hace dos días, pero pronto va a hacer un año que no te veo, y estoy segura de que alguna tuerca dentro de ti ha cambiado de sitio. Porque ya no soy Alba. Ya no soy nadie. ¿De qué sirve tener nombre si no estás aquí para pronunciarlo? ¿De qué sirve ganar premios si no me aplaudes tú? Escupo mis pensamientos incoherentes mientras hundo la cara en la almohada, sin recordar la última vez que deseé que llegase mañana. Nunca encajamos en nuestras fases, y me temo que ya hayas acabado el capítulo definitivo. Pero quiero que me llames una noche y te escondas en algún rincón para contarme tus secretos. Yo no diré nada, enganchada a los sonidos que haces, con ese acento tan tuyo que no podría encontrar en nadie más. Soñé durante eso durante meses, creyendo que en dejarte hablar estaba la clave. Pero ya te he dado dos años de espacio y me siento inútil perdiéndome en mis fantasías incautas, amando como en la guerra sin soldado al que amar, como un niño que se aferra a su globo. Dando vueltas y vueltas alrededor de las mismas palabras, haciendo promesas de que no volveré a tropezar con la misma piedra. Se me pone la piel de gallina solo con pensar lo bien que estás tú y lo mal que estoy yo intentando llegar a tus pies. Agotada persiguiendo mi propia cola.

De pequeña me daba miedo cerrar los ojos en la ducha. Ahora me da miedo abrirlos.

★★★★★

Acabaré estando bien, ¿no?

Si me dieras un octavo de tu atención,
me tendrías feliz a mí y a las otras siete
con las que te hablas a escondidas.

★★★★★

Ojalá pudiera enseñarle al mundo
el efecto rebote que tienen las cosas.

★★★★★

Hay algo que me escuece en la punta de la lengua,
tiene que ver con ver a mujeres desgastadas de amar.

MMAF,
unas siglas que solo tú sabes qué significan,
porque me las inventé contigo;
me encantaría saber cuándo cambiamos tanto,
cuándo tomamos direcciones diferentes
en nuestro sendero de felicidad.
Si estuvieras a mi lado se despejarían las dudas, estoy segura.

Venid todos a romperme el corazón.
Ya da igual, me rindo.

Me ves ofreciéndole la mano
a la que me ha tirado mil piedras,
detestas que yo sea así,
puedo verlo en tus ojos;
no me vas a volver a consolar,
pero no quiero ayuda,
quiero que todo acabe,
es una vela prendida
que no termina de apagarse;
lo intento todo para acabar con este cuento,
pero me es imposible.

Hay canciones que me llevan a momentos,
concretamente a ese año,
a ese juego;
no te imaginas lo que lo echo de menos.

Antes de ser padres
deberíais pensar si escogéis
que los amigos de vuestros hijos
se encarguen de vuestra función,
porque es imposible que no te des cuenta,
pero prefieres taparte los ojos,
esperar con los brazos abiertos
a cuando todo se solucione;
se te va a quemar la tarta.
¡Ah, no, que ni siquiera estás en casa!

★★★★★

No quiero crecer más.

Brillar es morir
encima de un escenario
mientras todo el mundo te mira
y lentamente aplaude;
los ves borrachos de felicidad
y sonríes para lo mejor,
tal vez el problema eres tú,
sin ser capaz de sentarte entre ellos,
eres así desde pequeña,
no lo puedes evitar,
te encanta que te miren,
sentirte abrazada por halagos,
que te admiren,
y no hay nada que puedas hacer
para cambiarlo.

Crecí entre las espinas de vuestras heridas
a ciento cincuenta kilómetros de vosotros,
ser la pequeña nunca me disgustó,
pero siempre fui la consentida»,
pese a que solo veía cómo me atrapabais
en otro árbol genealógico,
cómo reflejabais en mí ese odio
mientras yo no entendía de dónde provenía;
ahora cuento con que nunca seré de las vuestras,
no había una sola foto mía en nuestra casa,
compartimos apellido y sangre,
pero no familia;
antes me rompía el corazón del mil maneras,
pero he acabado entendiendo
que yo no puedo luchar contra diecisiete años de mentiras
y que siempre seré la que «menos venía».

Júrame que cuando llegue ese día
volverás a ser la de antes,
como llevas prometiendo
un curso entero;
por arte de magia
sonreirás,
bailarás,
comerás
de una vez por todas.

Nunca había visto la rabia en ojos de nadie
hasta que me senté enfrente de ti,
mamá dice que ya estás apagado,
que antes eras todo un caballero,
pero no hay mayor alegría en mi vida
que poder llamarte mi abuelo,
te quiero con el alma,
no te imaginas cuánto;
no sería yo
sin mi antiguo pelo pincho,
he aprendido a caminar
a partir de tus huellas,
que se extienden delante de mi vida
siempre unos centímetros más lejos,
no apagues la luz hasta que yo te lo diga,
porque quiero que me hagas cosquillas otra vez;
ojalá hacer que tu apellido
se escuche en todos los rincones del mundo,
porque es el mínimo que te mereces
por todo lo que has hecho siempre.

Tengo un mar dentro que me quita el sueño por las noches. Retumba una y otra vez contra las cuerdas de mi cabeza, y no sé pararlo. A veces la marea baja y se encierra en la parte baja de mi pecho, creando un tsunami inevitable. Dándome ganas de gritar y vomitar al mismo tiempo, arrastrándome por los quince como a una marioneta sin sentimientos, viviendo mucho y muy profundo. A veces todo lo que necesito para que ese mar se tranquilice es respirar, pero otras, ni mil puñales sirven para llevarme a ser quien era.

¿Cómo se puede romper el corazón a alguien
a veinticinco kilómetros de distancia?

Vivo en una película que se repite una y otra vez, sobrevolando el futuro para ver si te encuentro en él. Miro el atardecer intentando abrir un portal que me lleve a ti. No quiero aceptar la realidad de nuestro final. Lo escribiste con tu letra perfecta y redonda, y no me gusta cómo te ha quedado. Quiero cambiarlo. Reescribirlo con mi nueva pluma, con mi caligrafía de musa torturada. Te prometo que lo haré con cuidado, sin manchar ninguna esquina. Nos lo debo.

Sigues aquí, en alguna parte.

Haz llorar mil veces a la del corazón de cristal
que sonreirá sin salir de la cama;
riega a ese cerebro
que parece que sufre de placer.

«Hazlo fácil», me dije.

¿Quién te regaló ese collar? ¿Sigues queriendo ser eso? ¿Has ido a algún botellón? ¿Te has enamorado alguna vez? ¿Cómo lo contaste? ¿Alguna vez piensas en mí? ¿A qué país te gustaría viajar? ¿Me vas a querer si tengo el abdomen plano? ¿Me sujetaste esa noche sabiendo que me ibas a dejar de querer pronto? ¿Soñaste con un futuro destruido mientras yo resucitaba en tus brazos? ¿Pusiste una alarma para acordarte de mi existencia? ¿Estaba todo calculado, o fue algo impulsivo? ¿A veces me echas de menos? ¿Estás segura? ¿Me lo prometes? ¿Te has vuelto a poner mi vestido? ¿Sabes que tengo unos calcetines tuyos? ¿Has pensado en lo diminutos que somos? ¿Cuál es el último libro que has leído? ¿Te ha gustado? ¿Cuál es tu animal favorito? ¿Y por qué siguen siendo los gatos? ¿Miras a los lados antes de cruzar la carretera? ¿Guardas alguna carta o las tiraste todas? ¿Te gusta tu forma de ser? ¿Sigues jugando a ese juego? ¿Y tu canción favorita de Swift? ¿Qué ha cambiado desde el verano pasado? ¿Era porque estabas sola? ¿No puedes volver a mí sin un motivo? ¿Vas a leer esto alguna vez? ¿Lo estás haciendo ahora? ¿Quién fue la última persona a la que le hablaste de sentimientos? ¿Alguna vez te arrepientes de que no seamos amigas? ¿Fui tan mala como para merecerme este castigo eterno? ¿Cuántos atardeceres has visto ya? ¿Cuál es tu color favorito? ¿Te acuerdas de mi habitación? ¿No? ¿Ya has cambiado tus Fila? ¿Me agarrarías de la mano si te lo pidiese? ¿Vendrías a buscarme si el mundo se acabase? ¿Y por qué tan segura de que yo lo haría primero? ¿Ríes igual? ¿Quién te ha preguntado de qué color son tus ojos? ¿Por qué contagias todo lo que te gusta de algo que impide que yo también lo siga? ¿Prefieres verme feliz, o te gusta la manera en la que me retuerzo sola, haciéndome cada vez más y más pequeña? ¿Sientes que nadie te entiende, o has encontrado a tu alma gemela? ¿Hemos nacido para morir separadas? ¿De qué te acuerdas? ¿Miras alrededor cuando estás guapa, intentando encontrarte? ¿Por qué yo intento encontrarte a ti? ¿Estás lista para lo que te espera? ¿Te he hablado en sueños alguna vez? ¿Por qué no? ¿Sentiste pena? ¿Te acuerdas de mi cicatriz? ¿Vas a volver? ¿Por qué no? ¿Y si nos seguimos esperando? ¿Tengo que aguantar la vida sin ti? ¿Tú también odias la idea? ¿Me odias? ¿O es que se te hace imposible amarme? ¿Alguna vez te ha hecho gracia una de mis bromas? ¿Por qué no me rompes el corazón de una vez por todas? ¿O no te has dado cuenta de que ha sobrevivido al último golpe? ¿Es por no haberte escuchado lo suficiente? ¿Quién me va a conocer como tú lo has hecho? ¿Por favor?

Conozco tu calle de memoria,
pero me da miedo volver a pisarla:
estoy hecha un desastre.

No sabía que te importaban tanto mis partidas,
observas cómo muevo cada casilla
e intento descifrar qué estarás pensando,
no consigo impresionarte
y el silencio me hiela los huesos
cuando te oigo respirar en mi oído;
jaque mate.

Acabo de perder el tren
y no pasa otro hasta mañana,
o eso creía,
porque llevo ya dos años
esperando a que llegue ese tren
del que tanto me hablan,
sentada en una esquina,
oyéndome a mí misma respirar,
y es una de las cosas que menos me gustan;
me muerdo la lengua para ignorarme
pero no funciona.

Cada cosa que tocas se vuelve de oro,
enséñame a hacerlo, te ruego,
porque parece que lo que yo piso se marchita.

La flecha me atraviesa justo en el centro del pecho
y la sangre resbala por mi vestido blanco;
llevas un arco en la mano,
pero no has sido tú,
no puedes haber sido tú.

Aunque cambies, te querré igual, dije;
y no puedo estar más orgullosa de ti,
eres una estrella brillante,
me basta con abrazarte de vez en cuando,
nadie me podría criticar con el arte con que lo haces tú;
tranquila,
que tengo el don de leer a las personas,
dame la mano
y no te vayas,
no te vayas nunca.

No puedo hablar,
tengo un nudo de dolor en el pecho;
¿qué te ha pasado?

No he escogido este camino,
soy una cría,
y de repente el cinturón está muy apretado.

Me pregunto cuánto poder tenemos
sobre las cosas que nos gustan y las que no.

Se me para el corazón al estar en sitios
que anhelan tu presencia,
y lo peor es que hemos recorrido
el mundo en mi cabeza.

Estoy siguiendo tus huellas
para que me lleven a tu hogar,
pero no puedo entrar.

No es culpa de nadie,
es un peso que carga en mi espalda
y que me va pudriendo poco a poco.

Lo más bonito es
que te conozco desde hace
casi media vida,
quédate conmigo para siempre,
eres un ángel caído del cielo
para rescatar del mar
a gente como yo;
Gracias,
te quiero.

La nostalgia me da pánico,
se me crispan los nódulos
y no puedo rendirme,
nunca quiero estar donde estoy,
quiero retomar el pasado
una y otra vez
para cambiar mis errores,
para disfrutarlo más,
para ser más y más,
para arreglarlo todo,
para no morir de miedo.

¿Cuanto más llora un fénix,
menos valor tienen sus lágrimas?

Ni te atrevas a intentar
burlarte de mi antiguo yo
conmigo presente,
no sería yo sin esos errores,
¿quién eres tú para juzgarla?
Una parte de mí daría todo
por volver a ser así,
vete a ser una hipócrita a otro lado,
déjame sola con la Alba de doce años,
que yo la entiendo mejor que nadie;
sé por lo que está pasando,
no es fácil ser ella,
su única afición
ha dejado de molar
y no sabe qué hacer.

Volved,
volved,
volved…

¿Qué te ha pasado, mi vida?

No sé dónde encontrarme,
porque me miro a los espejos de otros
intentando buscar mi reflejo,
quiero hacer a todos felices
y al final no funciona así.

600 días
600 días de ecos vacíos
600 días de promesas incumplidas
600 días de «y si…»
600 días de migrañas
600 días de idas y venidas
600 días de secretismos
600 días de miedos
600 días de soledad
600 días de dudas
600 días de gris
600 días de cartas
600 días de un nudo en el estómago
600 días de intentar ser más
600 días de todo
600 días de nada
600 días de esperanzas
600 días de culpas
600 días de mentiras
600 días de cambios constantes
600 días de poemas
600 días de sueños rotos
600 días de nostalgia
600 días de envidia
600 días de una encerrona
a la que no le encuentro salida.

Hace mucho tiempo escribí esto:

«Me siento encerrada en un tubo estrecho en el que no puedo respirar. Pero al mismo tiempo estoy en un campo lleno de flores con demasiado espacio. El sol me señala, enfadado, y me deja en ridículo. No tengo dónde esconderme. Me ven la piel desnuda, como un cordero frente a una manada de lobos».

Sigo sin entender qué es lo que me ha hecho así. Tenía doce años y ya sentía que mi vida se me hacía pequeña. Igual es que he crecido muy rápido. Pero, siendo sincera, los años me pasan volando. Y no puedo retenerlos, por más que lo intente. Algún día estaré bien.

Sal de tu casa. Sal de tu casa, porque yo he pasado por delante y tu madre me ha saludado desde la ventana. Lo raro es que hace un año que no la veo. Sal de tu casa porque hoy tengo el pelo perfecto. Sal de tu casa porque me he puesto ropa nueva para que me la veas hoy. Sal de tu casa porque ahora tengo abdominales y seguro que me vuelves a querer. Sal de tu casa para poder fingir que en realidad no te echo de menos. Sal de tu casa porque también es la mía, y te lo ordeno. Sal de tu casa, rápido, te estoy esperando.

Ya está.
Ha terminado,
todo ha terminado.
¿Y ahora qué?

Esta carta es la última, te lo prometo.

Nadie duda a la hora de destrozar una vida,
nos hemos vuelto desgarradores,
damos miedo
robando juventudes,
oprimiendo sueños;
será mi obsesión siempre
sangrar por placer,
sin poder sujetarnos a otra mano,
escalando montañas
creadas por nosotros,
dando pizcas de inseguridad
en cada casa,
durmiendo como castigo,
olvidándonos de la historia
que tanta vergüenza nos ha dado,
repitiendo errores que estamos hartos de escribir,
levantad las banderas y decidlo una vez más:
Troya odia a Helena.

Querida yo:

Ojalá pudiese abrazarte hasta quedarme sin aire. Eres la mayor pérdida que he tenido nunca. Vuelve, vuelve te digo, como si pudieses hacerlo. Necesito aprender de ti todo lo que pueda, antes de que te arranquen de mis brazos como un monstruo del que debería tener vergüenza. Pero no tengas miedo, no dejaré que te hagan daño. Ya has sufrido bastante. Una, dos, tres, respira, que siempre ayuda. Vas a darte un golpe contra el suelo, y no sé si avisarte. Has sido siempre tan valiente que me tortura de pena verte pálida, sin color, desgarrándote las entrañas por gente diminuta. No la odias, no lo intentes. Nunca podrás. Seguimos trabajando en ello, y no es nada fácil.

Pero, por encima de todas las cosas, nunca te arrepientas de dar amor. Pobre del que alguna vez no pensó en desaparecer por otro. Cada palabra que pronuncias te va llenando por dentro, cada carta que escribes corre por tus venas como si fuese azúcar.

Eres de carne y hueso, que no se te olvide.

Y lo más importante de todo: el mundo no se acabará esa noche. Podrás volver a mirarlos a la cara, no será un camino fácil, pero lo conseguirás. Siempre lo has hecho.

La princesa de la torre fue cosa de una clase de literatura,
un sueño infantil que usaba para representar quien era,
los barrotes de mi celda eran verticales
porque si adelgazaba podría escapar,
frente a mí se extendía un barranco tenebroso
y todo el mundo corría hacía el otro lado,
yo no me podía mover,
estaba encerrada,
pero vale la pena armarse de valor,
chocarse mil veces si hace falta;
al final acabarás entrando en el vagón nueve y tres cuartos,
te lo prometo.